AF321357

LETTRE

A

MES CONCITOYENS

PAR

A. COLLINEAU

DOCTEUR-MÉDECIN.

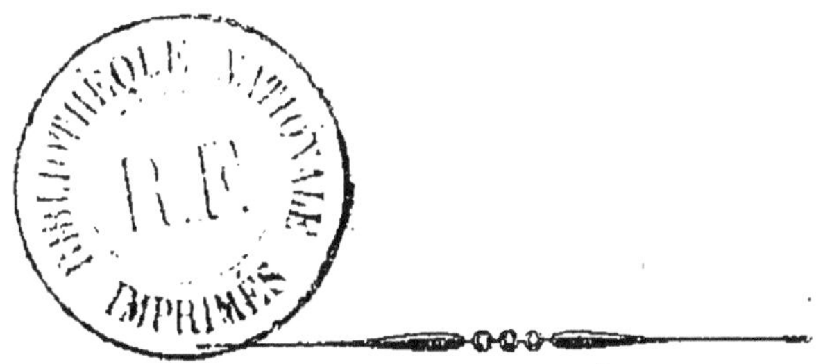

EN VENTE CHEZ LES PRINCIPAUX LIBRAIRES.

—

LETTRE

A

MES CONCITOYENS

CHERS CONCITOYENS,

Croyez vous que l'établissement de la République en France soit définitif ? — telle est la question que beaucoup de personnes m'adressent.

Ma réponse est : **Oui**.

Je prends la liberté de vous en exposer, ici, les motifs.

— Avant tout, chers concitoyens, un mot sur les incertitudes qui retiennent encore quelques hommes d'intelligence et de bonne volonté.

La persistance de leurs hésitations s'explique. Royalistes et impérialistes déploient pour les entretenir une activité désordonnée.

Le pays est infesté d'écrits impudents et mensongers. Les actes de la République y sont dénigrés. Les bienfaits de la royauté, l'abnégation, la haute sagesse de l'empire y sont portés aux nues. De parti pris, les faits y sont dénaturés.

La plupart de ces petits livres conçus en haine de la République, et publiés principalement dans l'intérèt de Bonaparte ne portent pas de signature. Quelques uns sont signés, mais de noms d'emprunt.

Méfiez-vous.

Méfiez-vous des gens qui, pour agir, se cachent. Ce n'est pas modestie, c'est duplicité.

Ce qu'ils cherchent, c'est à ébranler votre confiance dans le présent et dans l'avenir. Ce qu'ils méditent, c'est de profiter, à l'instant propice, du trouble où ils auront jeté votre jugement.

Au plébiscite du 8 mai 1870, il n'est pas arrivé autre chose. Vous avez été mal conseillés. On vous a endormis ou épouvantés. Sans vous rendre un compte exact des conséquences de votre vote, vous avez mis dans l'urne un bulletin portant *Oui*, et vous avez ainsi donné à Napoléon III le droit de déclarer la guerre, de conclure la paix, de faire et de défaire les traités de commerce.

D'un mot, vous lui avez livré et votre propre avoir et le sang de vos enfants.

Deux riches et patriotiques provinces, dix milliards de frais de campagne , cinq milliards d'indemnité au vainqueur, cent-dix mille hommes morts au feu, voilà ce qu'il en coûte au pays.

Donc, accoutumez-vous à vous faire par vous mêmes votre opinion. N'acceptez qu'avec réserve celles des autres. Allez aux renseignements. Obtenez-en de positifs. Vous trouverez sans grand'peine, des hommes disposés à vous les fournir.

Faisant ainsi, vous serez très-vite à même de distinguer le faux du vrai dans ce que certains vous affirment avec moins de conscience que d'audace; vous pourrez, en connaissance de cause, sans timidité , comme sans imprudence. faire prévaloir vos plus légitimes intérêts.

— J'ai affirmé, quant à moi, que l'établissement de la République en France devait, dès à présent être tenu pour solide et définitif. Permettez-moi de vous donner quelques-unes des raisons sur lesquelles repose mon affirmation.

Je parlais tout à l'heure, de renseignements positifs. Pour cette fois, je me bornerai à ceux qui suivent.

Sollicitant de votre part un jugement réfléchi,

je fais appel, chers concitoyens, à votre plus sérieuse attention.

— Vous avez porté à l'emprunt des TROIS MILLIARDS, le meilleur de vos économies. Le succès immense de cet emprunt, fait au nom de la République, est une preuve sans réplique de la confiance que s'est acquise cette forme de gouvernement.

— Est-ce qu'on prête aux insolvables?

— Or le monde entier a prêté à la République.

— Autant que vous et moi, le monde entier a donc désormais intérêt à son affermissement et à sa prospérité.

— Voulez-vous savoir ce qu'on dit de la République française en pays étranger ? — Lisez. —

EN ANGLETERRE :

« La richesse du monde s'est unie pour donner à l'avenir de la République française, un vote solennel de confiance. » (1).

NOTE. — Les noms en langue étrangère qui suivent, sont les titres des journaux Anglais, Irlandais, Italiens, Autrichiens, Allemands, du 23 juillet au 3 août où j'ai puisé les citations dont je vous donne la traduction en français. Je transcris ici le titre de ces journaux comme garantie de ce que j'avance.

(1) — *Morning-post.*

« Le succès de l'emprunt ne laisse aucun doute sur ces deux points, à savoir que la France est très riche et que les Français ont assez de confiance dans un gouvernement républicain pour lui prêter de l'argent.. La nation a prêté de l'argent au gouvernement de la République, par ce qu'elle le croit fort, et le gouvernement de la République ne sera que plus fort par ce que la nation lui a prêté de l'argent.

» Un gouvernement capable d'emprunter une aussi forte somme si facilement a gagné de grands titres à la confiance des Francais. Après tout que demandèrent-ils à l'empire, qu'eussent-ils demandé à une restauration légitimiste ou orléaniste, si ce n'est la sécurité que la République a montré qu'elle pouvait donner. Y a-t-il une meilleure garantie d'union au monde que lorsqu'on prête de l'argent à l'Etat ? Si cette union existe, à quoi bon chercher davantage et ailleurs l'ordre et la tranquillité qui naissent de l'union ? » (2)

En Irlande :

« Le gouvernement de la République française a reçu des Français seuls, 12 francs lorsqu'il ne leur demandait que 1 franc. » (3)

---

(2) — *Pall-Mall Gazette.*
(3) — *Freeman de Dublin.*

En Italie, a Rome :

« Le succès de l'emprunt français en Italie a dépassé les espérances les plus favorables. Les journaux qui avaient douté de la réussite de l'opération sont abasourdis. « S'il est vrai, » dit l'un d'eux, que le crédit donne la gran- » deur, il faut convenir que la France est » toujours la grande nation. » (4)

En Italie, a Milan :

« L'effet le plus certain du succès de l'emprunt français , c'est que la République en sera affermie, et que la restauration d'une monarchie est devenue impossible en France ... Aucune autre forme de gouvernement que la République n'est capable de donner à la France le calme qui lui est nécessaire. » (5)

En Autriche :

« Les ennemis du gouvernement de la République française sentiront d'autant plus cruellement le coup mortel porté par cette souscription à toute la troupe des prétendants que le résultat d'aujourd'hui est un énorme progrès sur la souscription du 27 juin 1871. (6)

---

(4) — *Agence-Havas du 31 juillet.*
(5) — *La Perseveranza.*
(6) — *La Nouvelle Presse libre de Vienne.*

» Ce que l'empire avait fait perdre à la France, la République le lui fait regagner. La confiance de l'Europe dans la régénération et dans l'avenir de la France s'est manifestée à coups de milliards.

» Ce succès est d'autant plus significatif que les journaux royalistes s'efforcent de l'amoindrir en disant que ce n'est ni à M. Thiers, ni à la République que l'Europe avance ses milliards, mais à la France .. En somme, une question de confiance a été posée, et elle est résolue à l'honneur et à l'avantage de la République française. » (7)

En Allemagne :

« Quarante et un milliards et demi, tel est le total de la souscription à l'emprunt français..... Le succès obtenu contribuera avant tout à la consolidation du gouvernement qui a su le faire naître. » (8)

En Prusse enfin :

(Il n'est pas sans avantage de connaître ce qu'on pense au cœur même de la nation ennemie. Or, voyez sur quel ton de jalousie, de dépit amer on y parle de nous.)

---

(7) *Le Wanderer*
(8) *Gazette de l'Allemagne du Nord.*

« Si nous comparons le succès de l'emprunt français avec le résultat obtenu en Allemagne en août 1870, alors qu'ayant demandé aux capi-talistes allemands, la somme de cent millions de thalers (soit 450 millions de francs), le gouvernement n'en obtint que quatre-vingts millions, (c'est-à-dire 300 millions de francs), nous ne pouvons nous défendre d'un sentiment de tristesse et d'humiliation. » (9)

— A mon avis, pour faire admettre que l'emprunt des TROIS MILLIARDS contribuera puissamment à consolider la République, il est une raison qui vaut à elle seule toutes celles qui précèdent : il a été honnête.

En 1815, après les désastres de Moscou et de Waterloo, les Bourbons ayant, avec l'aide il est vrai, des Anglais, des Cosaques et des Prussiens, repris posssession du trône, trouvèrent les caisses de l'État épuisées par Napoléon. On fit un emprunt Cet emprunt fut émis au taux de 57 pour cent. Celui de 1872 l'a été au taux de 84

L'emprunt de la royauté était fait au taux

---

(9) Gazette de Silésie.

des usuriers. L'emprunt de la République l'a été au taux de l'industrie et du commerce

On en pourrait conclure qu'il y a entre le degré de confiance qu'a inspiré la royauté en 1815, et celui qu'inspire la République en 1872, (et à l'avantage de ce dernier gouvernement) la distance qui sépare 57 de 84.

— Mais, direz-vous, comment cette confiance est-elle justifiée ? — Je n'en veux donner qu'une seule raison.

En principe et en fait, le gouvernement d'une République doit consister en ceci : Tous les électeurs d'une même circonscription ont le droit de choisir parmi eux l'homme qu'ils jugent le plus capable de représenter, dans l'État, l'intérêt commun. Celui-ci, dont ils font leur mandataire, a le devoir de rendre compte à ses concitoyens de l'usage qu'il a fait de son mandat.

Ce mandat est temporaire.

Il dépend des électeurs de le renouveler ou non.

Il devient, ainsi, possible, à la fois, d'exercer sur les actes du gouvernement un contrôle sérieux, et d'éviter les révolutions violentes.

La sécurité des intérêts de chacun ne peut

être mieux assurée, puisqu'elle est confiée à la vigilance de tous.

Les fonds publics cessent d'être exposés aux déprédations scandaleuses par lesquelles le dernier empire s'est signalé.

Le temps est passé de ces virements abusifs, de ces marchés fictifs, de ces affaires véreuses que, le 4 mai dernier, la commission d'enquête sur l'administration impériale et sur ses iniques dilapidations, démasquait à l'Assemblée nationale par l'organe de M. d'Audiffret-Pasquier.

Il n'est plus permis à UN homme d'engager, dans sa démence, comme l'a fait au mois de juillet 1870 Napoléon III, la nation entière dans la plus insensée des expéditions.

L'étude approfondie et persévérante des besoins des travailleurs, la distribution à tous d'une instruction libérale, la diffusion des lumières ôtent tout pretexte à ces soubresauts terribles qui, de vingt en vingt ans compromettent la fortune publique et jettent notre malheureuse France dans l'anxiété.

Favorisée par un calme plus profond et une instruction plus répandue, la production augmente. L'activité de la vente s'accroît en raison de celle de l'achat.

Protégés avec une sollicitude égale, le

travail et l'épargne acquièrent une égale sécurité.

— Chacun sent cela ; et c'est de là que vient cette confiance universelle.

En résumé , chers concitoyens, L'ÉTABLISSEMENT DE LA RÉPUBLIQUE EST DÉFINITIF, parce que cette forme de gouvernement , la plus équitable, et la moins dispendieuse de toutes, est digne de l'estime dont elle parvient enfin à jouir de nos jours ;

Parce que les deux emprunts que la République a dû contracter pour réparer les crimes et les folies de l'Empire ont donné lieu à cette estime de se manifester sous la forme la moins discutable ; c'est à savoir l'apport empressé de l'argent ;

Parce que chacun de ceux qui ont contribué pour leur quote-part à couvrir les emprunts de deux, puis de trois milliards, est intéressé désormais à l'affermissement et à la prospérité de la République ;

Parce que, comme l'a dit récemment le président de la République lui-même, « toute ten » tative de restauration légitimiste, orléaniste « ou bonapartiste déchaînerait une guerre civile

» dont personne au monde ne saurait mesurer les désastres ; »

Parce que, enfin, la République existe, que son gouvernement fonctionne régulièrement, qu'il est respecté en France, reconnu à l'étranger et que, dans notre pays las de bouleversements, de coups d'Etat et de violences, tout autre gouvernement que celui de la République susciterait, ne fut ce que pour s'installer, vio·lences, ruines et bouleversements.

Nous reviendrons, si bon vous semble, chers concitoyens, sur ces graves questions.

Leur solution est entre vos mains.

De leur solution dépend l'existence de notre patrie.... plus que l'existence, le prestige et l'honneur.

Votre parfaitement dévoué,

Dr COLLINEAU.

A Ancenis, le 22 septembre 1872.

Nantes — Imp. Ev. Mangin et Giraud.